いつもの献立が
ごちそうになる！
新・家めしスタイル

佐々木俊尚 著

はじめに

この本は料理本だけど、「小さじ1」とか「カップ3」とか、調味料や食材の細かい分量はぜんぜん書いてありません。だって塩味や醤油味なんて、人によって好みが違うし、その日の体調によっても異なります。身体を酷使して疲れてる時は濃い味を求めるし、飲みすぎの翌朝は薄味が欲しい。だから味つけは、自分の好みでやればいいと思うんですよね。

だからこの本でわたしが説明しようとしているのは、厳密な分量を指示通りに作るということじゃないんです。普通の料理本がやってるそういうことじゃなくて、「どうしたら日常的に家めしを作れるようになるのか」という、基本的な考え方みたいなものを読者の皆さんに伝えられればいいなと思っているのです。

たとえば本書の中にも出てきますが、ほうれん草のおひたしだったら、いちばん大切なのは葉っぱをシャキッとさせる方法とか手順とかです。味つけの醤油の分量なんて、どうでもいい……というと言いすぎかもしれませんが、ほうれん草のおひたしの「本質」ではありません。

この本は一見すると、写真がたくさんあって料理のレシピが紹介されているだけのように見えます。でも実際に書いてある通りに作ってみていただければわかると思いますが、「どうすれば美味しく作れるのか」「どうすれば凄い食感に仕上がるのか」「どうすればきれいに盛りつけられるのか」ということが、レシピ通りに作っているうちにだんだんと学べるようになっています。ぜひ試してみてください。

わたしはプロの料理人ではないし料理研究家でもありません。ただ妻と結婚してからのこの15年は、家族のご飯を毎日作りつづけています。そうやって日々の家めしを作っている人間から見ると、料理の世界って何だかよく分からないルールが多すぎる。たとえば一例ですけど、「本格的な道具を使おう」とか「肉には必ず塩こしょう」とか「ハーブは包丁で刻むと金気が移るので、手でちぎろう」とか。しょせん家めしなんだから、安くてどこでも手に入る道具で十分ですし、肉は塩だけで大丈夫。こしょうを振るのは、肉の保存状態が悪くて臭みが気になった昔の風習が残ってるだけです。そして包丁の金気は、そりゃプロの料理人の世界なら気になるかもしれないけど、家めしレベルだと、味や風味に影響を与えるその他の要素が多すぎて、金気を気にするほどの繊細さは必要ありません。醤油をどぼどぼ注いでたら、金気なんか吹き飛んじゃいますよね。

そういうわけでこの本はプロの美食じゃなく、かといってただ買ってくるだけのファストフードやコンビニ弁当じゃなく、でも小うるさい「オーガニック」じゃなく、ごく普通の健康的で旨くて、おかねもかからず、そして簡単な食事をしていこうという提案であり、そういう料理ばかりを紹介している本なのです。

目次

じゃがいもの7品

すぐできるドレッシングで、サラダを献立の主役に。

違う味の組み合わせで献立を発想する。

献立でいちばん大切なのは、お皿ごとの味が重ならないようにすること。わたしは料理を「醤油味」「塩味」「酸っぱい」「甘い」「クリーム味」「味噌味」「カレー味」と7色に分けています。

まず手もとの食材をどの味で楽しむかを決めて、最初の1品を決めましょう。3品の献立なら、残りの2品は味が重ならないようにすること。ついでに「かりっ」と「くったり」などの食感が重ならないようにし、熱い料理と冷たい料理をバランス良く出すようにすれば完璧です。味が重ならず、素材感を出すようにすれば和食や中華、イタリアン、エスニックが同じテーブルに出ていたって大丈夫。

お湯で戻した干ししいたけと油揚げ、にんじんを刻む。研いだ米に、昆布とかつお節で引いただし汁とうすくち醤油、塩少々を加え、具をのせて炊き上げる。

献立 1

今日は小松菜を
醤油で煮て食べよう、と
まず決める。食感と
味つけの違う料理を
それに組み合わせていく。

あじのりゅうきゅう

薬味で刺身をアレンジ。

油揚げと小松菜の煮浸し

小松菜はあくまでシャキッと。

ゴーヤのフライ

苦味をワイルドに味わう。

油揚げと小松菜の煮浸し

醤油味

材料
油揚げ
小松菜

調味料
だし汁
うすくち醤油
塩

小松菜投入
15秒で火から
下ろす

じっくり煮た油揚げと、シャキッとした小松菜の食感の組み合わせがこの料理の最大のポイント。小松菜は水道水を出しっぱなしにしてボウルの中で振り洗いし、冷たい水に10分ほど活けておく。昆布とかつお節でだしを引き、うすくち醤油と塩少々を加えて、大きめに刻んだ油揚げを弱火でじっくり煮る。食卓に出す直前に小松菜をざっくり刻んで、油揚げの鍋に投入。ほんの15秒ぐらい加熱し、深い皿にこんもりと盛り、まわりに煮汁を流し込む。

ゴーヤのフライ

塩味

材料
ゴーヤ
小麦粉
溶き卵
パン粉

調味料
オリーブ油
塩

ワタも
そのまま
揚げる

ゴーヤの旨さといえば、がっしりとした歯ごたえと、夏らしいさわやかな苦味。この2つを楽しむには、ワイルドなフライが一番。ゴーヤは両端を落として、あとは1～2センチの輪切りに。白いワタが苦味のもとだけど、油で揚げれば苦味は抜けるのでワタはそのままで大丈夫。小麦粉をまぶし、溶き卵をくぐらせてパン粉をからめる。160度ぐらいのオリーブ油で、きつね色になるまでこんがり揚げる。塩を振ってがぶりと。

あじのりゅうきゅう

甘い

材料
あじ
しょうが
生卵
みょうが
細ねぎ
青じそ

調味料
みりん
醤油

薬味は
好みのものを
たっぷり

お刺身にひと味加えて、って時に参考になるのが漁師料理。ごくかんたんな手順で、でも魚の味を引き出す絶妙さが素晴らしい。りゅうきゅうは大分の漁師料理。あじの刺身をさらに細く切り、しょうがのすりおろしと混ぜて少し置いておく。醤油少々とみりんを混ぜ、さらにみょうがや細ねぎ、青じそなどを刻んでざっくりと和え、中央をくぼませて生卵の黄身を落としてできあがり。熱々のご飯にのっけても最高。

ラタトゥイユ

素材の形がわかる程度に煮る。

かぶのみぞれ汁

かぶを潰すと、いい口当たりに。

献立 2

パラッとしたチャーハンには、さっぱり酸っぱいラタトゥイユがよく合う。国籍が違っても違和感なし。

シンプルなねぎチャーハン

あおって炒めなくても大丈夫。

ラタトゥイユ　酸っぱい

材料
トマト
なす
ズッキーニ
パプリカ
にんにく

調味料
オリーブ油
ローズマリー
塩

生のローズマリーを使って

ラタトゥイユは南フランスの煮込み料理……と聞くと何だかオシャレだけど、日常の家めしには重宝する料理。あまり煮くずさないように作るのがコツ。にんにくを潰してみじんにし、オリーブ油をひいた鍋でなす、ズッキーニ、パプリカなど夏野菜を炒める。皮を湯むきしたトマトを種を抜いてざく切りにし野菜の上にのせ、刻んだ生のローズマリーと塩を加えて蓋をして煮る。ローズマリーと塩の代わりに大葉と醤油を使うと、おもいきり和風な旨さに。

シンプルなねぎチャーハン　塩味

材料
ご飯
卵
ねぎ

調味料
塩
日本酒

日本酒を途中で加えてふっくら

フライパンとIHでもチャーハンは美味しくできる。フライパンに油を熱し、卵を割り入れてすかさず箸でくずす。冷やご飯を加え、卵と混ぜながらヘラやシャモジなどで切り入れるようにしながら火を通す。時々フライパンを振ってご飯をひっくり返すとなおよし。ご飯がぱらぱらになったら、日本酒を振る。塩を振る。じゅわーっといいながら酒が飯にしみていく。最後に刻んだねぎを投じ、さっと全体を混ぜて完成。薄味で、意外にもラタトゥイユともよく合う。

かぶのみぞれ汁　醤油味

材料
かぶ
かぶの葉
だし汁

調味料
うすくち醤油
塩

かぶの潰し加減はお好みで

かぶの本当の美味しさは、潰した食感にあり——。そう言い切ってもいいぐらいに、煮て潰したかぶは旨い。昆布とかつお節でだしをとって、ぶつ切りにしたかぶを煮る。すっと箸が通るぐらいに柔らかくなったら、マッシャーか泡立て器を鍋に差し入れてかぶを潰す。ざっくり潰してもいいし、細かくポタージュぐらいにしても、どちらも旨い。うすくち醤油と塩少々で味つけし、刻んだかぶの葉か細ネギをのせてできあがり。

献立 3

くったりした鍋物には、歯ごたえのある料理と冷たい料理がマスト。もちろん、味は重ならないように。

だし

鍋に必須の冷たい一品。

ごぼうスティック揚げ

パリッと歯ごたえのある揚げ物を。

にんにく鍋

たっぷりの日本酒でまろやか。

にんにく鍋 酸っぱい

材料
白菜
にんにく
豚ばら肉

調味料
日本酒
醤油
酢
みりん
白だし
シークァーサー果汁

にんにくは丸ごと大胆に使おう

秋が深まって急に寒くなった夜、風邪を引いたかなと嫌な予感のする日、そんな時はにんにく鍋で元気を。しゃぶしゃぶ用の豚ばら肉と白菜のざく切り、皮をむいてごろごろのままのにんにくを交互に土鍋に重ね、日本酒をどぼどぼと注いで煮る。日本酒の旨さがこの料理のポイントなので、料理酒ではなく日ごろ飲んでるお酒をぜいたくに使ってみたい。わが家では浦霞の本醸造。醤油、酢、みりん、白だし、シークァーサー果汁を等量混ぜた自家製ポン酢でぜひ。

ごぼうスティック揚げ 醤油味

材料
ごぼう

調味料
オリーブ油
醤油
片栗粉

すぐに味がしみるので要注意

くったりした鍋物には、かりっと歯ごたえのある副菜がアクセントになる。ごぼうを5センチぐらいに切って縦に半分か、太ければ4分の1に割る。バットに並べて醤油でしばらくつけておく。天ぷら油を160度に熱し、片栗粉をまぶしたごぼうをからりと揚げる。酒をちびちび飲みながらのつまみとしてもぴったり。

だし 甘い

材料
きゅうり
なす
みょうが
ピーマン
オクラ

調味料
醤油
みりん

野菜はみじんでなく大ぶりに切る

熱々の鍋物にもう一品は、冷たい料理。山形の郷土料理「だし」は本当は夏のものだけど、冬でも旨い。きゅうりやなす、みょうが、ピーマン、オクラなど生で食べられる野菜なら何でも、刻んで醤油とみりんで和えてしばらく置いておくだけ。あまり細かくせず、ざっくり大ぶりに刻んだほうが「おかず」感があって食べごたえがある。

我が家の人気メニュー、伝えたいコツのコツ。

料理って、けっこう「間違った常識」が広まってしまっていることが多いとわたしは思っています。たとえばスーパーで売ってる市販の袋入り焼きそばを「水を足してほぐしながら炒める」ってのはものすごく間違っているし、しいたけやらにんじんやら春菊やら、具材がてんこもりに入った水炊きは、味が混じってしまって実はぜんぜん美味しくない。

そういう「常識」をいったん捨て去って、新たに料理のもとのもとから考え直してみたのが、わが家の「コツのコツ」。実は天ぷらは、小麦粉を焼酎で溶いたころもでオリーブ油で揚げればからりとできるし、ほうれん草のおひたしは10秒茹でるだけで十分。そういう必殺ワザの数々を紹介します。

ごちそうおひたし

シャキッと仕上げるには1株ずつ10秒茹でる。

ほうれん草をボウルの冷水で振り洗い。まず根っこの泥を水の中で振り落とす。

ひっくり返して葉っぱの側も振り洗い。茎が折れないようにそっと。

きれいな冷水に入れ替えて、ほうれん草を「活け花」のように活ける。

10分ほども活けておくと、見違えるように葉がパリッとしてくる。

1株ずつ、わずか10秒茹でるだけ。

鍋から出したら、すぐに冷水につける。

材料	調味料
ほうれん草	醤油

あえて
かつお節
なしで味わう

ほうれん草のおひたしの失敗は、たいてい「茹ですぎ」が原因。①事前に水に活けておいて葉をパリッとさせておくこと、②湯温が下がらないように1株ずつ茹でること、③わずか10秒だけ茹でる、という3点を守れば、驚くほどシャキッと美味しく仕上がってくれる。これだけで十分に旨いので、かつお節など余計な調味料は使わずに、ただ醤油をひと垂らしするだけで味わうのがお勧め。

パリパリ焼きそば

麺だけ別に、先に焼く。差し水は絶対ＮＧ。

まず最初に、野菜をすべて千切りにしておく。

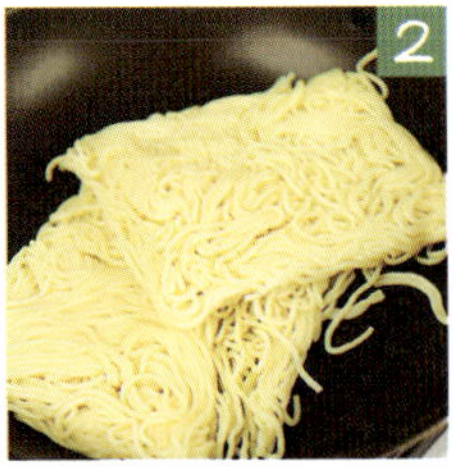

テフロン加工のフライパンに油をひかず、袋から出した焼きそばの麺を並べて火にかける。

火が通ってくると麺が勝手にほぐれてくるので、そっと箸を入れてさらにほぐす。

完全にほぐれた麺はいったん皿によけておく。

フライパンに少量の油をひいて、千切りの野菜をさっと10秒ほど炒める。

間髪を入れずに麺を戻し、添付のソースをかけ、全体をからめて完成。

スーパーで売ってる袋入り焼きそば。裏面の作り方を見ると、「フライパンで麺を炒め、水を加えてほぐす」なんて書いてある。でもこのやり方だと、麺がぐにゅぐにゅになってしまって絶対美味しくない。水は使わず、先に麺だけを油をひかずに加熱しほぐしておくのが鉄壁のルール。野菜はすべて太めの千切りにしておけば短時間で、しかも均一に火が通るので、シャキッと歯ごたえのある食感に仕上がってくれる。野菜を炒め始めたら麺の投入、ソースをからめるまで一気呵成に終わらせよう。

材料

- 市販の袋入り焼きそば
- キャベツ
- 小松菜
- にんじん
- ねぎ

野菜は
太めの
千切りに

焼酎ごろもの天ぷら

焼酎でころもを溶く、オリーブ油で揚げる。

じっくり揚げるのでかぼちゃは薄切りではなく、ブロック型にカットする。

さつまいもとズッキーニも厚めに輪切り。

大きめのれんこんは厚切りしてから４等分。

小麦粉に焼酎を混ぜ、混ぜすぎないようフォークで刻み込むように混ぜてポタージュ風に。

具材に小麦粉を、塗りつけるようにからめる。

160度ぐらいのオリーブ油で、竹串がすっと刺さるまで揚げる。

天ぷらは、焼酎で小麦粉を溶いてオリーブ油で揚げることによって、びっくりするぐらいにからりと揚がる。この方法をツイッターで紹介したら「長年うまくいかなかった天ぷらが、自分史上初めてぐらいに美味しくできました」という返事をいただいたほど。香ばしく揚がったころもはそれ自体が美味しいので、水分少なめで固めのころもにしておき、具材にわざとまぶしつけるぐらいに多めにからめても美味しい。酒のつまみにするのなら、塩を振っただけが素材感があって旨い。

材料
- かぼちゃ
- さつまいも
- ズッキーニ
- れんこん

調味料
- 小麦粉
- 焼酎
- 塩
- オリーブ油

根菜なら
失敗なしで
揚がる

究極の水炊き

鶏はじっくり下茹で。具は白菜だけで。

鶏もも肉を切り分ける。茹でると縮むので、大きめにカットしておく。

鶏肉を水から茹でて、沸騰したらとろ火にしてことこと煮る。

途中、あくが出てくるがどうせ後で漉すので気にしない。

肉が煮えてくるとあくがかなりブクブク出てくる。

30分ぐらいも煮ていると黄金色のスープに。

キッチンペーパーで漉して、黄金色のスープを土鍋に。

水炊きというと、しいたけや花形のにんじんやいろんな具材が入っていることが多いけれど、シンプルに鶏と白菜のみで作ったほうが旨い。まず鶏をぶつ切りにして30分ほども煮て、あくも取らない。黄金色のスープができたら漉してスープを土鍋に注ぎ、切った白菜を加え、その上に鶏肉を移す。黄金スープを白菜が吸い込んでふくらみ、ふわっと煮えてきたところで、ポン酢で食べる。ポン酢は醤油、酢、みりん、シークァーサー果汁、白だしを等分で混ぜるだけの自家製ポン酢が絶対のお勧め。

材料

鶏もも肉
白菜

調味料

醤油
酢
みりん
シークァーサー果汁
白だし

同量ずつ
合わせれば
自家製ポン酢

COLUMN 1

鶏肉はマリネすれば、日持ちする。チキンカツ、照り焼き、唐揚げなど、応用自在。

会社勤めで毎日の買い物をする時間がなかなか取れない人にとっては、肉って意外にやっかいですよね。冷蔵庫だと日持ちしない。かといって冷凍しちゃうと、いざ食べようと思うと解凍に時間がかかって、けっこう面倒です。

そこでわたしがお勧めするのが、マリネ。肉にオリーブ油、酢を振りかけて全体にもみ込みます。もっと肉を柔らかくしたい人は、ハチミツを少し垂らしても。これをジップロックなどの密閉保存用の袋に入れて空気を抜き、冷蔵庫に保管します。１週間ぐらいは大丈夫。

オリーブ油に浸っているから、フライパンで焼くのに油をひく必要はありません。醤油とみりんで炒りつければ照り焼きに。小麦粉をはたいて生卵をくぐらせて、パン粉をまぶして揚げればチキンカツに。ひと口サイズに切ってにんにくとしょうがのすりおろし、醤油をもみ込み、片栗粉をはたいて唐揚げにするのも旨い。使い道は無限大です。わたしは鶏肉マリネを小さな携帯用クーラーバッグに入れて登山に持って行き、山の上でチキンサンドイッチを楽しんだりしています。

豚肉や牛肉の厚切りも、この方法でマリネしておくと、手軽に柔らかい肉料理が楽しめます。豚肉のマリネは片栗粉をはたいてフライパンで火を通せばおいしいポークソテーに。牛肉は赤身をマリネしておいてフライパンで両面を焦げ目がつくまで焼くと、ヘルシーなステーキが楽しめます。

鶏もも肉にオリーブ油と
酢をもみ込む。バットの
上などで作業するとやり
やすい。十分にもんだら
密閉保存用袋に入れて冷
蔵庫で保管。

1つの素材から7種の味の料理を作る。

「今日の晩ご飯は何にしようかな」と考える時、カレーライスやハンバーグなどのレシピを最初に決めるのは間違い。レシピを先に決めちゃうと、「あれれ、玉ねぎがないから買ってこなきゃ」「しまった、カレールーを切らしてた……」などと足りない材料を買いに行かなきゃいけなくなってしまい、面倒です。
だから家めしのこれからの考え方は、「冷蔵庫にあるものを使って料理する」。料理が単調になってしまいそう、と心配する方もいるかもしれませんが、そんなことはありません。たった1つの野菜からでも、ひと工夫すればいろんな料理を作ることができます。なすとじゃがいもを練習台にして、それぞれ7つの味の料理を作ってみましょう。

食感の変化が楽しいなすの7品

1 なすと豚肉のざるうどん

甘い

郷土料理にもある
黄金のコンビ。
しっかりコクの
あるつゆに。

甘辛い麺つゆと豚肉、なすは黄金の3点セット。冷たいうどんと熱くこってりしたつゆの組み合わせを楽しもう。麺つゆを小鍋に注ぎ、しゃぶしゃぶ用の薄切り豚ばら肉、縦半分に割ってなるべく薄く薄くスライスしたなすを加えて火にかける。沸騰したら弱火にしてあくを取り、なすが柔らかくなったらできあがり。冷やしたざるうどん以外にも、そうめんやそばでも良く合う。

材料
- なす
- ねぎ
- 豚ばら肉
- 麺つゆ
- うどん

ばら肉で
旨味と
コクを出す

2 なすのヨーグルトディップ

クリーム味

皮をむいたなすは上品な味。ディップにもサラダ風にも。

網焼きにして熱いうちに皮をむいた「焼きなす」は立派な和食の料理だけど、実は素晴らしいディップになっちゃうってことは案外知られていない。焼きなすをまず包丁でたたいて、ペースト状にしてしまう。にんにくのすりおろし、塩、オリーブ油を和え、プレーンヨーグルトと混ぜるだけで、とても香ばしくて奥深い味のディップが完成。こんがり焼いた薄切りのフランスパンなどにのせ、白ワインとともに暑い夏の夕暮れにぜひ。

材料
なす
ヨーグルト

調味料
にんにく
オリーブ油
塩

よーく
包丁でたたいて
なめらかに

中華調味料のトリプル使いで、なす味噌炒めに。
吸った油を吐き出すまで、じっくり炒める。

3 なすの味噌炒め

材料
なす

調味料
甜麺醤《テンメンジャン》
豆板醤《トウバンジャン》
オイスターソース

フライパンに油をひいて、1センチぐらいの厚さにスライスしたなすを並べて火にかける。油を吸ってしまうけれど、そのまま根気よく弱火にかけていると、汗をかくみたいになすが油をじわじわと浮かせてくる。なすに透明感が出てきたら、甜麺醤と豆板醤、オイスターソースを小さなボウルで混ぜてたれを作り、フライパンの中でからめて完成。

4 なすのトマトソースねじりパスタ

材料
なす
トマト
フジッリ
(ねじりパスタ)

調味料
にんにく
たかのつめ
オリーブ油
塩

火の通ったなすのトロトロ感が、酸味のあるトマトソースにはとっても合う。透明感が出るまでなすに火を通す。いったん皿によけておいて、オリーブ油とみじん切りのにんにく、小口切りのたかのつめをフライパンで弱火で熱する。トマトをざく切りにして投じて煮込み、なすを戻して塩で味つけしてソースが完成。時間通りに茹でたフジッリをソースにからめる。

5 なすのキーマカレー

なすとひき肉は好相性。ご飯が進む最強の味。

カレー味

カレーって凝って隠し味とか考えずに、シンプルに市販のカレールーと数少ない食材でちゃっちゃっと作ったほうが実は旨い。フライパンに油をわずかにひいて、ひき肉をくずしながら炒める。鶏肉でも豚肉でも合いびきでも、お好みでどうぞ。にんにくとしょうが、なす、玉ねぎの粗みじん切りをまとめて放り込んでさらに炒め、なすに透明感が出てだいたい火が通ったかなと思ったら、カップ1杯ぐらいの水を足し、カレールーを溶かし、とろみが出るまで煮込んで完成。

材料
- なす
- 玉ねぎ
- にんにく
- しょうが
- ひき肉

調味料
- カレールー

市販の
カレールーで
問題なし

6 なすの揚げ煮

醤油味

ころもは何もつけずに素揚げ。トロトロ感が十分に楽しめる。

たいていの野菜は、あまり火を通しすぎずにしっかりした歯ごたえを残したほうが旨いけれども、なすだけは別。トロトロ感をどこまで追求できるかがなすの旨さのカギで、揚げ煮はそんなトロトロ感をしっかり楽しめる料理。なすのへたを取って縦半分、横半分に切って、皮に浅く切り込みを入れておく。素揚げして柔らかくなったら油を切ってだし汁で軽く煮て、うすくち醤油と塩少々で味つけしてできあがり。あっさりしてるようなこってりしてるような、不思議な味わいが楽しい。

材料
なす

調味料
だし汁
うすくち醤油
塩

皮目に
包丁を入れて
火通りをよく

7 焼きなす汁

焼きなすをたたいてお椀に。ほんのり塩味で素材を味わう。

この料理を家に遊びに来たお客さんに出すと、けっこう驚かれる。「えっ、これ焼きなすの汁なの?」って。そして見た目からは予想もつかない、味わい深い香ばしさ。焼きなすを包丁でたたいて、汁椀にこんもりと盛る。上にちょこんとしょうがのすりおろし。だし汁をうすくち醤油と塩少々で味つけして、熱々のまま、なすの山をくずさないように、まわりからそっと流し込む。

材料
なす
しょうが

調味料
だし汁
うすくち醤油
塩

こんもり
お椀に盛るときれい

常備野菜の王様じゃがいもの7品

1 ポテトサラダ

クリーム味

じゃがいもよりも生野菜が主役。白和えを作るイメージで。

材料
- じゃがいも
- きゅうり
- 玉ねぎ
- セロリ
- にんじん

調味料
- マヨネーズ
- オリーブ油
- 塩
- 酢

作りおきはしないですぐ食べる

美味しいポテトサラダの最強のポイントは、マヨネーズをからめる前にドレッシングでしっかり下味をつけてしまうこと。まずじゃがいもを柔らかく茹でて皮をむき、ざっくり潰す。あら熱がとれたらオリーブ油と塩、酢を加えて、これだけでも食べられるぐらいに味をつけておき、最後にマヨネーズを少々からめる。塩もみ玉ねぎのほか、お好みできゅうりやセロリ、にんじんなどの野菜をスライスしてたくさん加え、野菜が中心でじゃがいもはソースとしてからんでる程度という「白和え」ぐらいの感じにするのがコツ。

2 じゃがいもの茹でつぶし

塩味

上質なオリーブ油と塩だけ。ワインを合わせて完璧。

究極のかんたん料理。「えっこれだけ?」というシンプル手順だけど、じゃがいもの素材感を満喫できる。じゃがいもは洗って丸のままお鍋で茹でる。すっと竹串が通るぐらいに茹でたら、平たいお皿に移し、フォークの背でぐしゃっと潰す。オリーブ油をたっぷり回しかけ、塩を振る。本当にただこれだけ。生ハムがとても合うので、皿に添えて完成。

材料
じゃがいも
生ハム

調味料
オリーブ油
塩

新じゃがで作るとまた旨い

軽く火を通しシャキシャキ感を残して仕上げ。

3 シャキシャキじゃがいものサラダ

材料	調味料
じゃがいも	オリーブ油
にんじん	塩
パプリカ	酢

じゃがいもは茹でてマッシュしたポテトサラダもいいけど、実は軽く火を通すだけでシャキシャキ感を残しても、ぜんぜん違う旨いサラダになる。じゃがいもを千切りにして、お鍋の沸騰した湯に投入し、ほんの5秒ぐらいでざるにあげて冷水にとる。にんじんとパプリカも千切り。じゃがいもの水気を拭って他の野菜を合わせ、オリーブ油、塩、酢で味つけして完成。

目先を変えておかずとして食べるカレー。

4 じゃがいもと鶏肉のカレー炒め

材料

じゃがいも
鶏肉
カレールー

水気がなくなるように仕上げる

カレーってご飯と一緒に食べるのが一般的だけど、カレー煮込み料理と捉えてお酒のつまみにするのも良い。まず鶏肉を炒め、色が変わったら、同じようなひと口サイズのじゃがいもを加える。水をひたひたに足して、じゃがいもが柔らかくなるまで煮る。フレーク状のカレールーを少量加え、具材にカレーのたれがからんでるぐらいに仕上げるのがコツ。

5 肉じゃが

甘い

煮くずれしない、すっきり肉じゃが。水の量に注意。

材料
じゃがいも
肉
玉ねぎ
にんじん

調味料
うすくち醤油
みりん

肉は牛でも豚でもお好みで

肉じゃがは煮くずさず、きれいに仕上げると美味しそう。肉は豚でも牛でもお好みで。鍋に油を熱して肉を炒め、皮をむいて半分に割ったじゃがいも、ぶつ切りのにんじん、4分の1にカットした玉ねぎを投じ、水をひたひたより少なめにして、うすくち醤油とみりんを加えて落とし蓋をして弱火で煮込む。水が多すぎるとぼんやりした味になるし、少なすぎると煮込めない。水が足りなくなったら少しずつ加え、じゃがいもが柔らかくなったら完成。

6 じゃがいもの味噌汁

味噌味

茹でじゃがいもに
味噌だしを注ぐ。
ひと味違った、
端正な味噌汁。

材料	調味料
じゃがいも	味噌
ねぎ	だし汁

ねぎは
後のせで
シャッキリ

じゃがいもの味噌汁の最大のコツは、じゃがいもを下茹でしておくこと。そうするとだし汁が濁らない。まずじゃがいもの皮をむいてひと口サイズにし、小鍋でことこと茹でる。串がすっと刺さるぐらいになったらざるに空けておく。昆布とかつお節でだしをひいて、じゃがいもを戻したら鍋で温めながら味噌を溶き、ねぎをのせて完成。透明感があって、でも甘味がぐっと来る旨い味噌汁。

7 じゃがいもとベーコン炒め

ベーコンと
醤油が
こんなに合うとは。
じゃがいもの
切り方に注目。

醤油味

材料
じゃがいも
パプリカ
ベーコン

調味料
醤油

生の
じゃがいもから
火を入れる

見た目はガツンと男らしい料理だけど、作るのには細心の注意が必要という、「男らしさ」の意味を問うような（?）料理。フライパンに油をひいて、火が通りやすいようにくし形に切ったじゃがいもとベーコンを炒める。じゃがいもが柔らかくなるまで、弱火でじっくり火を入れていく。焦げないように注意。火が通ったら、細切りのパプリカを足して少し炒めて、最後に醤油を軽く振って完成。

エプロンメモ1

常識だと思い込んでること、実はちょっと違うかも。

スパイスをたくさん揃えるのが「料理通」だと思われがちだけど、調味料は最低限のものを揃えるだけで十分。ちょっとした組み合わせの妙で、無限大の味の工夫が生み出せる。シンプルに、でも奥深くという料理哲学を目指そう。

料理を一度にたくさん作って冷凍しておくのはやめよう。冷凍したとたんに味は確実に劣化する。食べきれる量だけを、毎回作るほうが旨いしむだがない。

料理本には必ず「油揚げは油抜きして」と書いてあるけど、質の良い油揚げだったら油も旨味の一部。だから油抜きはしないでそのまま使おう。

食卓におしゃれな布のランチョンマット、ってよくお勧めされている。でも洗濯がめんどう。食べ終わったらテーブルをよく絞った台ぶきんできれいに拭いて終わらせるほうが、ずっと機能的。

パスタを茹でる時に塩を入れる必要はない。厳密には味や食感に微妙な違いが出ると言われているけど、家めしレベルなら不要。塩味はソースで決めるほうがいい。

天ぷら油はフィルターつきの市販のオイルポットに入れて保管し、炒め物などに少しずつ使っていけば、劣化してしまわないうちに使い切れる。

鋼鉄の和包丁を研ぐのは慣れないと難しい。ステンレスの安い包丁を、千円ぐらいで売ってるシャープナーで料理のたびに研いで使うほうが楽だし気持ち良い。

料理の時にエプロンはしない。エプロンして気合いを入れて料理するんじゃなくて、いつもの普段着で、日常の延長として料理するという心が大切だと思っているから。

サンドイッチにトマトをはさむ時は、汁が垂れないようにあらかじめ種を抜いておく。トマトの水分のほとんどは種の部分にある。

肉を炒める時は、小麦粉を軽くはたいてからフライパンに。きつね色の焦げ目がきれいにつき、とろみが出て食感もよくなる。

市販の「めんつゆ」を料理に使う人が多いけど、みんな同じ味になってしまって飽きる。手軽なめんつゆ料理からの脱却が家めしの第一歩。

食材や調味料は、冷蔵庫にため込まず、買ったら早く使い切る。空っぽにしておくと冷えるのも早いし、冷やしたいものをいつでも入れられる。

家めしの定番、鶏の唐揚げはにんにくとしょうがと醤油につけておいた鶏肉に片栗粉をまぶし、冷たい天ぷら油の中に入れる。そこから強火で熱して12分。このやり方でとても柔らかい仕上がりに。

食パンはオーブンで焼くよりも、油をひかないフライパンでひっくり返しながら焼いたほうがカリッと美味しくこんがり焼ける。

たまに売ってる「黄色いズッキーニ」は、実は生食のほうが美味しい。薄くスライスしてサラダに入れてみるのがお勧め。

すぐできる
ドレッシングで、
サラダを
献立の主役に。

サラダは肉料理や魚料理の添えものじゃない、と思うんですよね。世間にはチープなサラダがあふれかえってしまっていて、「ペラペラのレタスとしなびたきゅうりに、味の濃い市販の『和風青じそドレッシング』をかけただけ」というような情けないイメージがありますが、大間違い！

肉や魚が入っていてもサラダになるし、要するに「食材をドレッシングで和えた料理」がサラダなんですよね。そう捉えれば、野菜だけのサラダでも、本当は十分にメイン料理になるんです。そしてサラダのドレッシングは、市販のものなんかをわざわざ買わなくても、自分で作っても数秒でできる。美味しいサラダを楽しみましょう！

基本のサラダ

野菜をパリッとさせる究極の方法をマスター。

野菜を刻む。どの野菜も同じ厚さ、長さにそろえるのが大切。

今回は千切りにしたけれど、小口切りや手で裂くなどお好みで。

氷を入れた冷水に10分以上はつけてぎゅっと締めておく。

ざるにあげ、キッチンペーパーで包んでバットに収める。

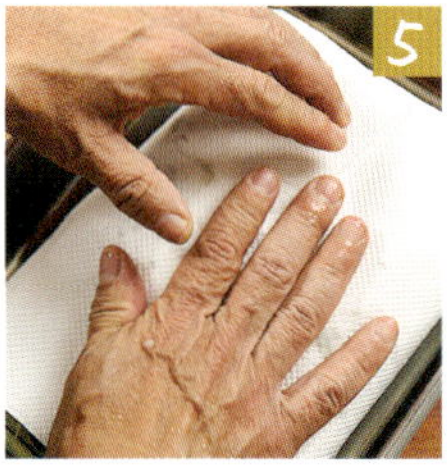

そのまま冷蔵庫に入れて、さらに10分。水気が取れてシャキッとなる。

ボウルに野菜を投じ、オリーブ油、塩、シークァーサー果汁を加えてさっと和える。

基本の野菜サラダで大切なポイントは、第一に野菜をシャキシャキにして、第二に水気をきちっと取ること。そのために冷水で締め、キッチンペーパーでくるんで冷蔵庫で冷やす。冷やしている間に余計な水分はペーパーが吸い取ってくれるので、ボウルに移した時には完全な状態に。ドレッシングはシンプルなフレンチドレッシング。シークァーサー果汁で作るのがわが家の「家めし」流だけれど、レモンなど他の柑橘の果汁や、なければ酢でもかまわない。

材料

きゅうり
にんじん
パプリカ
ピーマン

調味料

オリーブ油
塩
シークァーサー果汁

大きめの皿に
こんもり盛って
ボリュームを

ミモザサラダ

基本のサラダの切り方を変えただけで別の料理に。マヨネーズはちょっぴり。

散らした卵がミモザの白い花のようなのでこの名前がついたサラダ。まるでシリアルを食べるように大きなスプーンでもりもり口に運ぶと、食べごたえ抜群。トマトは種を抜き、大きめのサイコロ大にカット。その他の野菜も同じ大きさに切り、冷水で締めておく。ハムとチーズもカットし、野菜とともにボウルでオリーブ油と塩、酢のドレッシングと和える。お皿にこんもりと盛り、刻んだ茹で卵を散らし、少量のマヨネーズをアクセントに絞って完成。

材料

トマト
きゅうり
パプリカ
ハム
チーズ
茹で卵

調味料

オリーブ油
塩
酢
マヨネーズ

スプーンですくってもりもり

バンバンジー

塩もみレタスは
たくさん食べられる。
濃いめのソースで
しっかりおかずに。

レタスを大量に食べられる、刺激抜群のサラダ。鶏のささみは5～10分ほど茹で、中まで火が通ったらあら熱を取ってから指で裂いておく。レタスは千切りにして、少量の塩でもむ。10分ほど放置してから、軽く水気を絞る。きゅうりやキャベツでも。甜麺醤と豆板醤、オイスターソースを混ぜてソースを作る。少しお湯でのばすと、混ぜやすく具材にかけやすい。大きな平皿に塩もみレタスを広げて、その上に鶏のささみを並べ、ソースをまんべんなくかける。

材料

レタス
鶏のささみ

調味料

甜麺醤《テンメンジャン》
豆板醤《トウバンジャン》
オイスターソース

きゅうりや
塩もみ
キャベツでも

セビーチェ

手に入りやすい
魚介を旨くする、
ベストな調理法。

材料
えび
ほたての貝柱
白身魚の刺身
玉ねぎ
香菜
青とうがらし

調味料
ライム
オリーブ油
塩

レモンより
ぜひライムを
使って

セビーチェは南米ペルーの名物料理。家めしでもかんたんにできて、異国気分を味わえる。えびはさっと茹でて冷まし、貝柱は半分にカット。玉ねぎは薄くスライスして冷水にさらしておく。刻んだ青とうがらし、ライム果汁、オリーブ油、塩をボウルでさっと混ぜ、えびと貝柱、白身魚の刺身を和える。水気を拭った玉ねぎを皿に広げ、魚介をこんもりと盛り、ざっくり刻んだ香菜をのせて完成。ぴりっと刺激的で、でも超さわやかな味覚。

カルパッチョ

パセリがもりもり
食べられる一品。
家で作るなら
こんなふうに盛りたい。

「添えもののパセリは使い回ししてるから食べない」というのは昭和の時代の名残りの文化。新鮮なパセリをたっぷり食べたい。茎を外して粗みじんにし、刺身と一緒にボウルの中でオリーブ油、塩、シークァーサーなど柑橘の果汁で和える。これだけでとても美味しいカルパッチョになる。お店で頼むと皿に広げて出てくるけれど、サラダ風にこんもりと盛りつけたほうが乾きにくくて最後まで美味しく楽しめる。

材料

白身魚の刺身

調味料

パセリ
オリーブ油
塩
シークァーサー果汁

しっかり
和えて味を
つける

タイ風サラダ

ナンプラーが加われば、すぐタイ風。玉ねぎと大根のしゃきしゃきコンビ。

「なんちゃってタイ料理」を家めしで再現するのは、実は難しくない。香菜、ライム、ナンプラー、砂糖という必須調味料を使えばみごとにタイ料理の味に。玉ねぎはスライスして水にさらしておく。えびは茹でて冷ます。ボウルにライム果汁とナンプラー、砂糖、塩を加えて箸で混ぜる。ここに玉ねぎ、えび、それに大根など、好みの野菜を和え、皿に盛りつけたら刻んだ香菜をあしらって完成。刺激がほしい人は、ドレッシングにたかのつめか青とうがらしのみじん切りを加えると旨い。

材料
えび
玉ねぎ
大根
香菜
ライム

調味料
オリーブ油
砂糖
塩
ナンプラー

大根は
太めに切って
歯ごたえを

豚しゃぶサラダ

茹でたあと、水にとるのは間違い。味つけして冷ます。

材料
豚ばら肉
きゅうり
にんにく

調味料
酢
砂糖
ごま油
醤油

豚肉は熱いうちに味つけを

冷やし豚しゃぶの極意は、茹でた肉を水にさらさないこと。そんなことしたら旨味が抜けて水っぽくなってしまう。まず鍋でお湯を温め、あまりぐらぐらさせない程度の温度を保って、豚ばら肉の薄切りを投じる。色が変わったらどんどんざるにあげていく。すりおろしにんにくと酢、砂糖、醤油、ごま油をボウルで混ぜ、茹で上がった豚肉を熱いうちに和える。千切りにしたきゅうりを皿に並べ、冷ました豚肉をこんもりと盛って完成。

オリーブ油と
たかのつめと
にんにくで万能、
ペペロンチーノ。

具材がほとんど入っていないパスタとして知られているペペロンチーノ。オリーブ油でにんにくとたかのつめをじっくり炒め、そこに茹で上がった熱々のパスタを投じるだけという究極のシンプルパスタなんですが、これって実はパスタだけじゃなくて、いろんな料理に応用がきく素晴らしい調理方法なんですよ。味つけを醤油やクリーム味やカレー粉に替えてもかまわない。酢を加えてさっぱりさせるなんていう技もあります。

にんにくとたかのつめ、オリーブ油というベースの味がしっかりしているので、いかようにも応用できる、家めしにぴったりの調理方法なんですよね。

小松菜と鶏のファルファーレ醤油味

ペペロンチーノの基本

にんにくは皮をむいたら、包丁の腹をのせて手のひらで上からぐっと力を入れて潰す。

潰れたにんにくを刻んでいけば、にんにくが転がらずに切りやすい。

細かいにんにくみじんぎりの完成。

フライパンにオリーブ油を入れ、たかのつめの小口切りとにんにくを弱火で炒める。

にんにくと唐辛子の炒め方がすべて。

小松菜のシャキシャキ感と、ペペロンチーノで味がついた鶏肉のコクのバランスが旨い料理。小松菜は冷水で振り洗いし、水に活けておく。冷たいままのオリーブ油ににんにくみじんぎりとたかのつめを加え、じっくり弱火で炒めて香りを引き出す。鶏肉を加えて弱火でさらに炒め、きつね色になったらパスタの茹で汁を少し足して蓋をする。パスタが茹で上がる30秒前に、刻んだ小松菜をフライパンに加えてさっと煮汁をからめ、パスタを和えて醤油を振る。

材料

小松菜
鶏もも肉
ファルファーレ
（蝶形パスタ）

調味料

にんにく
たかのつめ
オリーブ油
醤油

小松菜は
短時間で
シャキッと

ツナ缶とセロリのスパゲティ塩味

唐辛子が効いているから、シンプルな素材も深い味わいに。

台所にいつも常備してあるツナ缶でも、こんなに奥深い味になるのが不思議。セロリがなければピーマンやパプリカ、にんじんなど加熱して美味しい野菜なら何でも。スパゲティを茹で始め、フライパンでオリーブ油とにんにく、たかのつめを弱火でじゅくじゅく温める。いったん火から下ろし、スパゲティが茹で上がる3分ぐらい前になったら、ツナ缶とセロリを投入。茹で汁も少し加えて、油となじませる。塩を振り入れてやや濃いめに味をつけ、スパゲティとからめて完成。

材料
- ツナ缶
- セロリ
- スパゲティ

調味料
- にんにく
- たかのつめ
- オリーブ油
- 塩

野菜は
１種類だけ
合わせよう

ベーコンと卵のカルボナーラ

カルボナーラも
ペペロンチーノの仲間?!
パルメザンチーズなしの
とろ〜り味。

カルボナーラの失敗はたいてい生卵がボソボソになること。これを防ぐかんたんなコツを伝授。生クリームを使わず卵だけのカルボナーラはローマ風で、あっさり旨い。フライパンでにんにくとたかのつめ、ベーコンを炒め、スパゲティの茹で汁を加えて油と混ぜておく。塩を振る。ボウルに生卵の黄身だけを落として箸でくずし、黒こしょうを多めに振っておく。茹で上がったスパゲティをフライパンに投じて混ぜ、火から外して10秒冷ました後にボウルの卵と和えて完成。

材料

ベーコン
卵
スパゲティ

調味料

にんにく
たかのつめ
塩
黒こしょう

少しだけ
冷ましてから
和える

えびのアヒージョ

風味の移ったオリーブ油で煮るように仕上げる。

材料

えび

調味料

にんにく
たかのつめ
オリーブ油
塩
片栗粉

えびに味があるので塩は控えめ

アヒージョはスペインの小皿料理で、イタリアのペペロンチーノと味つけはだいたい同じ。小さな鍋かフライパンにオリーブ油をたっぷり入れて弱火にかけ、にんにくとたかのつめを炒める。片栗粉をまぶしたえびを投じて赤くなるまで熱し、塩を振って完成。小鉢に盛って、オリーブ油をからめながらいただく。あっというまにできあがっちゃうけど、これがワインのつまみとしてはもう最高すぎる。

牛肉とじゃがいものペペロンチーノ

一見、チャイニーズのようで、作り方は、完全にペペロンチーノ。

材料
- 牛肉
- じゃがいも

調味料
- にんにく
- たかのつめ
- オリーブ油
- 醤油

見た目はなんだか中国料理だけど、これもペペロンチーノ。ご飯のおかずとしても最強で、もりもり食べられる。フライパンでにんにくとたかのつめを熱し、薄切りの牛肉を加え、色が変わったら、細く千切りにしたじゃがいもを投じてさらに炒める。じゃがいもが柔らかくなったら、醤油をさらりと振りかけて完成。ズッキーニやパプリカの千切りなども加えるとさらにボリューム感が出て、食べごたえのあるおかずに。

味つけは醤油だけで見事に決まる

さっと柑橘を振ると、
まるで別物。
あっさり見えて
コクのある旨さ。

いかとセロリのさっぱりペペロンチーノ

ペペロンチーノに酢を加えるというあっと驚く裏ワザだけど、これが実にさっぱりしていて旨くてびっくりする。セロリの葉はさっと炒めると、歯ごたえもあり香りも強くてけっこういける。いかはさばいて胴を輪切りに。にんにくとたかのつめを弱火で炒め、いかとセロリの茎を加えて色が変わるまで火を通し、塩で味つけし、セロリの葉を加えてくったりしない程度に火を入れて、最後に酢をさっと振りかける。まるでサラダのように盛りつけると見た目も旨そう。

材料
いか
セロリ
セロリの葉

調味料
にんにく
たかのつめ
オリーブ油
塩
酢

酢は最後に
振り入れて
すぐにお皿に

COLUMN 2

キッチンも道具も、最小限の装備で。

「男の料理」というと、道具に凝る人が多いような気がします。プロの板前さんが使っているような包丁、輸入品の高級冷蔵庫やオーブンをそろえたり。モノ好きの人だったらそういうのも楽しいだろうなとは思うのですが、わたしはモノにはこだわらないことにしています。だってモノに囚われちゃうと、面倒じゃないですか。友人の家飲みに呼ばれたり、キッチンスタジオでみんなで料理会やったり、アウトドアで料理を作ったり、いつでもどこでも手軽に料理しようと思うと、道具にこだわらないほうが気楽なんです。つねにいま目の前にあるキッチンと道具で、何でも料理できちゃうほうが、自由で楽しい。

だからわが家のキッチンは、驚くほどに何もない。目に見える電気器具は、ダイヤル式の古くさい電子レンジと小型電気オーブンだけだし、鍋は最小限。しいて言うなら、調理して食卓にそのまま出せるホーローの鍋ル・クルーゼを愛用してることぐらいかな。包丁はステンレスの三徳包丁が中心です。

調味料も、基礎調味料しかありません。スーパーで売ってるような「○○鍋の素」などの調味料はいっさい使わず、醤油やみりん、酢といった基礎調味料だけは質の高いものをきちんとそろえ、それらを組み合わせることで味つけしてるんです。こういうやり方なら冷蔵庫や食材の棚がモノであふれかえることはないし、いつもきちんと片付いた気持ちの良い空間で料理することができるんですよね。

ル・クルーゼは煮込みもできるし、アダプタを付ければ蒸し器にもなる。南部鉄器のごはん鍋は3合まで炊ける。

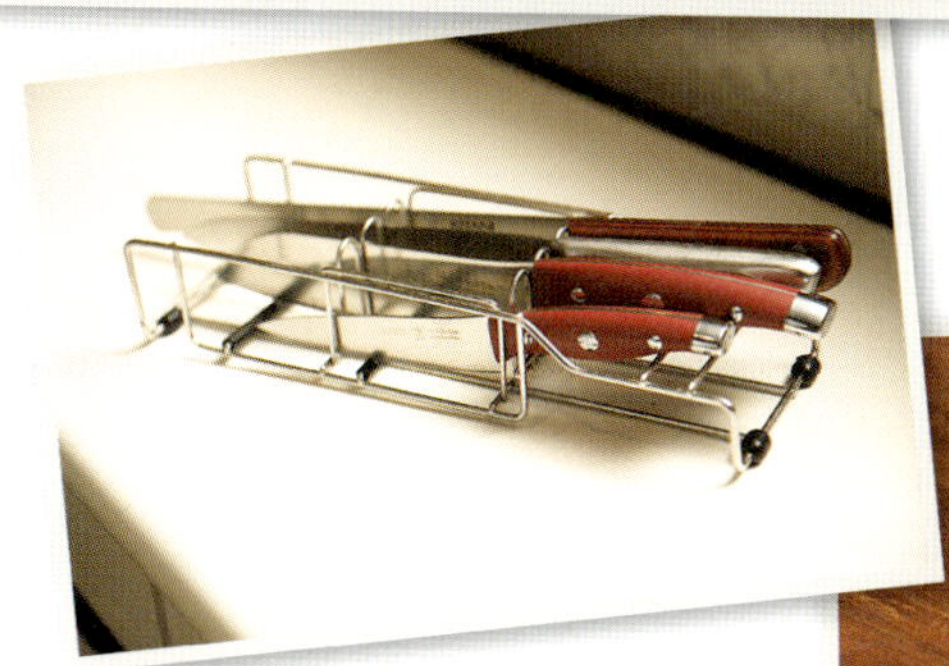

長年愛用のぶ厚い天ぷら鍋。油温が変わりにくくて良い。

ヘンケルの安いステンレス包丁をこまめに研いで使う。ペティナイフと肉切り包丁、パン切り包丁も常備。

下ごしらえに大小のボウルやバットは大切。かなり年季の入った柳宗理を愛用している。

醤油、酢、ゆず酢、白だし、みりん。日常的に使っている質の良い調味料たち。シークァーサー果汁も愛用。

野菜だけで立派な1品。素材の味をたっぷり堪能。

冷蔵庫をのぞいて見たら、野菜がちょこっとしかない！「大根だけ」「キャベツだけ」「かぼちゃとにんじんしかない」。そして「おまけに肉も魚介もないじゃん……」。普通こういう時は、あわててスーパーに走る人が多いのではないかと思いますが、実はこれら単品の野菜だけでも、しっかり旨い一品料理が作れます。しかもわずかな種類の野菜しか使っていないので、料理の手順は超かんたん。

次ページからは「えっこんなんで料理って言えるの？」って思わせるようなシンプル料理ばかり並んでいますが、実は凝ってないからこそ、逆に素材感がたっぷりあって、普通の料理よりも自然の味を楽しめるともいえるんですよ。ぜひお試しを。

「しりしり」という沖縄のおろし金でにんじんをざくっとおろし、塩で和えるだけ。好みで少量の酢を。にんじんだけなのに、深い味わいでいくらでも食べられる。

ブロッコリーサラダ

ブロッコリーは
2分だけ茹でて
冷水にとれば
しゃっきり。

半熟卵をサラダに加える時は、野菜と決して混ぜてしまわず、お皿に積み木のように重ねてそっと置く。すると見た目が整然としてきれいな仕上がりになる。ブロッコリーは硬めが大丈夫な人なら茹で時間2分ぐらいで、冷水にとる。卵は沸騰したお湯できっかり8分茹でる。水気を拭ったブロッコリーをオリーブ油、塩、酢で和えて、半分にカットした半熟卵とともにお皿に盛りつけて完成。最後に卵に少し塩を振る。

材料

ブロッコリー
茹で卵

調味料

オリーブ油
塩
酢

卵は
沸騰した湯に
入れて８分

大根にんにく炒め

蒸した大根を
美味しく食べる方法。
こんなにかんたんで
驚きの味。

鉄壁に旨い、わが家の定番中の定番料理。お客さんにも大人気。大根を皮のついたまま乱切りにして、柔らかく蒸す。面倒な人は電子レンジでチンしてもオッケー。フライパンに油をひいて刻んだにんにくを弱火でじゅくじゅく炒め、いい香りがしてきたら大根も投じて、軽く焦げ目がつくぐらいに。最後に醤油を全体にからめればできあがり。

材料
大根

調味料
にんにく
醤油

焦げ目が
軽くつくまで
炒める

炒めないにら玉

にらは束のまま30秒茹でる。きれいに切って盛りつけ。

あっと驚く、驚異のにら玉。フライパンで炒めて作った普通のにら玉と見た目はぜんぜん違うんだけど、食べるとちゃんとにら玉の味がして二度びっくり。まずにらを束のまま、30秒ぐらい茹でる。3センチぐらいにカットして、小鉢に巣ごもりのような形に丸く置く。真ん中の空いてるところに生卵の黄身を落とし、醤油をちょいと振って完成。盛りつけの時に黄身をくずさないようにね。

材料
にら
生卵

調味料
醤油

巣のような盛りつけもポイント

キャベツの塩もみ＆ゴーヤの塩もみ

塩加減と水分の
絞り具合で、
素材の味を生かす。

この2つの塩もみは超かんたんなので、「もうひと皿欲しいなあ」という夏の食卓にぴったり。キャベツは千切り、きゅうりは縦半分に割ってから斜めに薄切り。ボウルに合わせて入れて、ひとつまみの塩を振る。表面に少し汗をかいてきたら、軽く軽く絞るだけ。ぎゅっと絞っちゃわないほうが旨い。香りづけにシークァーサー果汁を少々。ゴーヤは逆に塩を振って時間を置いたら、ぎゅっぎゅっと握って苦い水を絞り出す。かつお節をのせて、醤油をかける。

材料
キャベツ
きゅうり
ゴーヤ

調味料
塩
シークァーサー果汁
かつお節
醤油

塩の入れすぎに要注意

野菜だけで立派な1品。素材の味をたっぷり堪能。

ごぼうサラダ

ごぼうは食感がすべて。湯通しするだけ。

材料
ごぼう
にんじん

調味料
すりごま
オリーブ油
塩
酢
マヨネーズ

キッチンペーパーで水切りを

ごぼうサラダの真髄は、ごぼうの食感にあり。硬いと食べにくいし、柔らかすぎると頼りない。ごぼうを5ミリぐらいの幅に斜め薄切りし、さらに数枚重ねて縦にカットする。にんじんも同じサイズに。鍋にお湯をぐらぐら沸かし、にんじんとごぼうを投じたら瞬時にざるにあげ、冷水にとる。水気を切る。ボウルでオリーブ油、塩、酢、すりごま、少量のマヨネーズで味つけ。

水菜のナムル

水菜の美味しい部分は、葉ではなく茎。

材料
水菜

調味料
にんにく
塩
酢
ごま油

ごま油とにんにくで韓国の味

水菜は茎が旨く、葉の部分とは味も食感も違いすぎるので、ここは「大人買い」ならぬ「大人食い」で葉っぱの部分はばっさり捨てる。茎を束ねて10秒ほど茹で、冷水にとって締めてペーパータオルで水気を拭ってから5センチ幅に切る。ボウルでにんにくのすりおろし、塩、酢、ごま油を混ぜてナムルのたれを作る。水菜を和えて完成。

かぶのグリル

オーブンで焼くだけ！甘い汁がじゅわっとあふれ驚く。

材料はかぶのみ、調味料はいっさい使わない、塩さえ振らないという究極の家めし。かぶをひと口サイズにカットし、オーブントースターで焼く。あまり焦げないように何度かひっくり返し、竹串がすっと刺さるぐらいになったら、皿に盛ってそのまま食卓へ。かぶりつくと、びっくりするぐらい甘い汁がじゅわりとあふれ出し、滋味深さにうっとりさせられる。時間のある人はかぶをカットせず、丸のまま焼くのもお勧め。

材料

かぶ

丸ごと焼くのもまた旨い

かぼちゃとにんじんの塩蒸し

蒸す前に素材を塩でもむ。何もつけずに食べても十分旨い！

根菜を塩でもんでおいてから蒸すという料理は、究極の素材感を楽しめて、まるで縄文人の食卓についてるような気分（本当？）。かぼちゃ、にんじんはひと口サイズに切り、塩でごしごしもむ。少し置いてから、蒸し器で強火で蒸し上げる。柔らかくなったら完成。お好みで黒こしょうを振ったり、オリーブ油をとろりとかけたりしても楽しい。

材料
かぼちゃ
にんじん

調味料
塩

オリーブ油やバルサミコをかけても

水に一晩、つけておいた大豆をそのまま茹でて熱々を。

茹で大豆

乾燥の大豆を茹でるっていうと「面倒くさい……」と思う人が多いけど、単に前夜から水につけておくだけなので、手間はたいしてかからない。ふやけた豆を水ごと鍋に入れて火にかけ、沸騰して泡がぶくぶく出てきたら、いったんざるにあげて洗ってあくを取る。もう一度鍋に戻して水を豆の倍量ぐらい加えてことこと煮て、柔らかくなったら茹で大豆の完成。小鉢に熱々のをよそって、おろししょうがをのせて醤油を振ると、うーん絶品。豆ってこんなに旨かったのかと思う。

材料

大豆

調味料

醤油
しょうが

日本酒と一緒に1粒ずつつまんで

簡単に作れて食べごたえ十分。スープは立派なおかず。

スープや汁物っていうと、味つけがややこしくて作るのが面倒なわりには食べごたえがない、という印象を持っている人も多いかも。でも味つけは実はかんたんだし、ル・クルーゼのようなお鍋で作って食卓にそのまま出すようにすれば、ぜんぜん面倒じゃありません。

野菜中心のスープなら、パンと組み合わせるだけで完璧な食事になるし、秋冬は身体も温まります。夏のいやになるぐらい暑い時も、冷たいスープや冷や汁なら、すっとのどを通るんですよね。「スープとパン」「汁物とご飯」という究極のシンプル料理を、うまく家めしに採り入れてみましょう。

トマトスープ

水もコンソメも不要。旨味を引き出す調理手順。

にんにくとしょうがをみじん切りにする。

鍋にオリーブ油をたっぷり入れて、にんにくとしょうがをジュクジュクいってくるまで弱火で。

玉ねぎをみじん切りに。

鍋に玉ねぎを加え、透き通ってくるまで炒める。

トマトは小さめのざく切りに。

鍋にトマトを加えてざっと炒め、水を加えてことこと煮て最後に塩を。

材料
トマト
玉ねぎ

調味料
にんにく
しょうが
オリーブ油
塩

にんにく
しょうがが
味の決め手

スープというと、市販のコンソメか何かで味をつける必要があると思ってる人が案外多いけれど、調味料は実はたいてい必要ない。にんにくとしょうが、それにトマトの酸味と塩だけで、とても旨いトマトスープになる。トマトはあらかじめ、沸かしたお湯に10秒ぐらいつけて引き揚げれば、つるりと皮がむける。なめらかな食感を楽しみたい時はこの「湯むき」がお勧め。しなくてもいいけどね。鍋はホーロービきのル・クルーゼを使うと、そのまま食卓に出せてキレイ。

さつまいものポタージュ

じゃがいもでもOK、
冷やしてもOK。
ポタージュを
美味しくする秘訣は。

さつまいものポタージュはとても甘くてほっこり旨い。じゃがいもに替えると定番中の定番、さらにじゃがいものポタージュを冷やすと、ヴィシソワーズという名前のなんだかおしゃれな冷製スープに。鍋に潰したにんにく、適当にスライスした玉ねぎをバターで炒め、さらに皮をむいて乱切りにしたさつまいもも加えて煮る。どうせ潰しちゃうので切り方は適当でオッケー。いもが煮えたら鍋のまま、ハンドブレンダーで全体をなめらかに。塩で味つけして牛乳を加えて温めてできあがり。

材料

さつまいも
玉ねぎ
牛乳

調味料

にんにく
バター
塩

たっぷりの
玉ねぎを
バター炒め

大豆スープ

つけておいた大豆をゆっくり煮る。煮汁を利用した、優しい味のスープ。

前の章で紹介した「茹で大豆」の茹で汁を使って、「大豆でこんなだしが出てるとは！」と驚愕するスープを作る。茹で汁を鍋で温め、バターと味噌を加えて溶かし、牛乳でのばす。たったそれだけ。茹で大豆をアクセントに加えるんだけど、たくさん入れればそれはそれで煮物風になって食べごたえがある一品に。

材料
大豆の茹で汁
茹で大豆
牛乳

調味料
バター
味噌

大豆を
増やせば
煮物風に

ガスパチョ

作るのも簡単、
食べるのもラク。
夏の最強スープ。

材料

トマト
きゅうり、パプリカ、ピーマン、セロリなど生で食べられる夏野菜なら何でも

調味料

にんにく
オリーブ油
塩
酢

にんにくとトマトは必須

暑い夏、食欲がなくても料理作るのが面倒くさくても、ガスパチョならすぐ作れてどんなに疲れててものどをするすると通ってくれる。夏の最強料理。写真はスープに見えないぐらいだけれど、「サラダを潰した料理」ぐらいに思っておけばいい。トマトとにんにくは必須で、あとは好きな夏野菜を適当に乱切りにしてボウルに放り込み、オリーブ油と塩、酢少々を加えてハンドブレンダーで潰す。ただそれだけ。水分はトマトから出るので十分だけど、好みで少量の冷水を足しても。

冷や汁

野菜だけでも
十分旨い
超簡単な
冷や汁の作り方。

冷や汁っていうと「あじの干物を焼いてむしってすりこぎで潰し……」とか面倒なことが料理本に書いてある。でもそんな暑そうな面倒なことを真夏のお昼ご飯にしたくない。これは超かんたんな野菜だけバージョン。きゅうりはできるだけ薄く小口切りにして塩でもんでおき、時間をおいて絞る。にらはみじん切りに。大きなすり鉢でごまをすり、味噌とかつお節を加え、水を少しずつ足し味を見ながらのばしていく。塩もみきゅうりとにらを加えて完成。

材料
きゅうり
にら

調味料
味噌
かつお節
ごま

ご飯に
かけても
美味しい

冬瓜としょうがの酸っぱいスープ

しょうがの効いたぴりっとした味わい。身体の芯から温まる、優秀スープ。

干ししいたけは戻すのが面倒なので、最初からスライスして売ってるのを使えば楽。旨いだしが良く出るので、スープに使おう。しょうがは千切りにして鍋で軽く油で炒め、干ししいたけと戻し水を加える。皮を厚くむいてひと口サイズに切った冬瓜も投じてことこと煮る。冬瓜が透き通り、柔らかくなったら、うすくち醤油と酢で味つけし、水溶き片栗粉を少しずつ足してとろみをつけてできあがり。

材料

冬瓜《とうがん》
干ししいたけ

調味料

しょうが
うすくち醤油
酢
片栗粉

しいたけのだしの旨味が味の基本

豆腐後入れけんちん汁

豆腐を炒めず、
後からのせれば、
見目麗しい汁に。

材料
- 大根
- にんじん
- ごぼう
- れんこん
- 木綿豆腐

調味料
- ごま油
- だし汁
- うすくち醤油
- 塩

味つけは
うすくち醤油で
きれいに

けんちん汁って豆腐を入れると美味しいんだけど、見た目が汚くなるのがイヤだ。家めしといえども、やっぱり盛りつけや外見は大切にしたい。そこで「豆腐後入れ」方式の登場。大根やにんじん、ごぼう、れんこんなどの根菜をひと口サイズに乱切りしてごま油で炒め、昆布とかつお節で引いただし汁を注いでことこと煮る。うすくち醤油と塩で味つけし、最後に手で豆腐をくずし具材にかぶせるようにのせる。鍋のままテーブルに出すと見た目の美しさにみんな驚く。

エプロンメモ2

手早く、と手抜きは違う。手をかけるところはかけて。

ものすごく時間がないときの食事。市販のグラノーラにりんごやバナナなどの果物を適当に切ったものをのせ、プレーンヨーグルトをかけるだけ。これだけなのに、シンプルで旨い。

電子レンジは、ダイヤル型のつまみが付いてるようなシンプルで安い製品で十分。ご飯を温める以外にはほとんど使わない。グリルしたい時にはオーブントースターを使う。最近のオーブンレンジは高機能だけど操作が直感的にわからないものばかり。

湯豆腐の鍋に小さじ1杯ぐらいの重曹を入れると、豆腐がだんだん溶けてのどごしのよい不思議な味になる。

卵を炒める料理は、まず最初に卵だけを多めの油とともに炒めて半熟の状態で皿によけておく。新しく他の具材を炒めたあとに卵を戻してからめると、ボソボソにならずとろりとした仕上がりになる。

枝豆はさやの中にお湯がしみ込まないほうが、香り高くて美味しいできあがりになる。だから両側を切らずに、そのまま茹でるほうが良い。

冷や奴の豆腐はパックから出したら、キッチンペーパーで丁寧に包んで10分ぐらい放置しておくと、きれいに水切りができている。これだと塩を振っただけでも美味しい。

キャンプで使うような、柄もすべて鉄でできた小ぶりのフライパン（スキレット）を1つ持っておくと、パエリヤや肉料理を作った時にそのまま食卓に出せるので便利。

にんじんやかぶ、大根などの根菜類はなるべく皮をむかない。少しぐらい食感が悪くても、皮が付いてるほうが味わい深いし皮をむく面倒もない。

葉物の天ぷらは、水分が残ったままだとべちゃべちゃになって失敗する。140度ぐらいの低い温度でじっくり、泡がほとんど出なくなるまで揚げると水分がほぼ抜けてからりと仕上がる。

「昨日買ったフランスパン」を美味しく食べるコツ。スライスして表面に水を軽く振り、油をひかないフライパンで水分がなくなってからっとするまでひっくり返しながら温める。

地方に旅行に行ったら、必ず「道の駅」に寄る。場所によっては、地元の農産物を安く販売しているコーナーがあって、買って帰って見知らぬ食材にトライするのが楽しい。

木綿豆腐をそのまま油で揚げる厚揚げは、自家製すると熱々が超旨いけど、豆腐の水抜きが面倒。沖縄の島豆腐を使えば水抜き不要ですぐに作れる。

醤油や酢、みりんなどの基礎調味料はできるだけ値段の高い質の良いものを買う。かなり長持ちするから、一度の料理にかかる金額はたいしたことないし、調味料の質の良さは料理の味に大きな影響がある。

つゆむらさきのような、ぬめりの多い葉物のおひたしは、茹でずに蒸したほうが美味しい。ぬめりが閉じ込められて食感が良くなる。

沖縄のお店や大きなスーパーなどで売っている瓶入りのシークァーサーの果汁は、酢の代わりに。刺激は酢よりマイルドなのに、香りは酢より良い。

家で食べる
麺の楽しみは、
自家製の
つゆにあり。

日本には、本当に麺好きの人が多いですよね。冬の熱いラーメン、うどん、夏の涼しいそうめんやそば、冷やし中華、稲庭うどん。それからパスタも。家めしで麺類を楽しもうとすると、麺そのものはどうしても市販のものになっちゃう。まあそばやうどんを打つ人もいるけど、さすがに日常的には面倒だし。

だから家めしでの麺の楽しみ方は、麺そのものじゃなくて「つゆ」に取り組むことにあると言い切ってしまいましょう。たいていのつゆは家で作れるし、自家製つゆを使えば市販の麺でも十倍旨くなると太鼓判を押しておきます。

大根おろしそば

鍋1つで煮れば完成。
香り高い自家製つゆ。

簡単にできる本格つゆ

1 鍋に醤油1、みりん1、水4の割合にして、だし昆布も加える。

2 花かつおをひとつかみ加えて、火にかける。

3 沸騰したら弱火にして、5分ぐらい煮る。

4 キッチンペーパーで漉して冷やして、自家製そばつゆの完成。

材料全部を1つの鍋にぶち込んで、少し煮るだけ。たったこれだけで、香りをかぐだけでお腹が空いてくるような、素敵な自家製そばつゆができあがる。冷蔵庫で軽く1週間ぐらいは持つので、麺好きは常備しておきたい。越前そばは、飛びきり辛いほうが旨い。スーパーで「辛み大根」と書いてあるのを探して、「鬼おろし」でざっくりおろすと最高。おろしから出る汁はそばつゆに混ぜ、茹でて冷水で締めたそばの上から流し込み、大根おろしと刻んだ青ねぎをのせる。

材料
- そば
- 大根
- 青ねぎ

調味料
- 花かつお
- 醤油
- みりん
- 昆布

大根の
汁もつゆに
混ぜる

トマトの冷製カッペリーニ

汁気たっぷりに
作りたいソース。
隠し味ははちみつ。

カッペリーニは、まあわかりやすく言っちゃえば「イタリアそうめん」。茹で時間はたいてい2分ぐらいと短く、冷たいパスタに最適で、のどをつるつる通ってくれる。時間通りに茹でて、冷水にとってきゅっと締めておく。トマトはできれば皮を湯むきしてざく切りにし、潰したにんにく、はちみつ少々、オリーブ油、塩とともにボウルに入れて、ハンドブレンダーで粗く潰す。水気をきったカッペリーニと和えて完成。汁気が多いので、深い皿に盛ったほうが見た目がきれい。

材料

カッペリーニ
(細いパスタ)
トマト

調味料

にんにく
はちみつ
オリーブ油
塩

すぐ茹だる
カッペリーニは
便利な食材

少量の中華調味料と
野菜の旨味で
さっぱりスープ完成。
タンメン

ラーメンの汁は、中華の調味料として有名な「味覇」を使うとかんたん。旨味調味料入りだけど、少量使う程度にすれば薄味の美味しいラーメンになる。キャベツやにんじん、ピーマンは千切りにしておく。鍋2つにお湯を沸かし、大きいほうでラーメンを茹で、小さいほうは「味覇」を加えてラーメン汁に。ラーメンの茹で上がり時間のタイミングに合わせて野菜を炒め、塩を振る。ラーメン汁をどんぶりに注ぎ、茹で上がったラーメンを加えて汁になじませ、野菜炒めをのせる。

材料
中華の生麺
キャベツ
にんじん
ピーマン

調味料
味覇(ウェイパー)
しょうが
塩

歯応えが
残るように
炒める

夏みかんの冷やし中華

インスタント
ラーメンで作る
驚きの冷やし中華。

材料
インスタントラーメン
夏みかん
ベビーリーフ

調味料
醤油
酢
みりん
ごま油

かんきつ類と
つゆが抜群に
マッチ

本格的な冷やし中華を、なんとインスタントラーメンの麺で作ってしまうという裏ワザ。「マルちゃん正麺」が腰が強くて良い。夏みかんの皮をむき、房から外す。うまく外せない時は、小鍋に湯を沸かして重曹を小さじ1入れ、夏みかんを房ごと90秒ほど茹でると、きれいに溶けてびっくり。つゆは醤油3、酢とみりん、ごま油各1の割合で軽く混ぜておく。麺を時間よりやや短く茹でて冷水にとり、水気を絞って深皿に盛る。たれをかけ、みかんとベビーリーフをあしらう。

３色稲庭うどん

うすくち醬油で
作る透明なつゆ。
細い麺と好相性。

同じつゆで
そうめんにも
ぴったり

材料	調味料
稲庭うどん	昆布
ゴーヤ	かつお節
にんじん	うすくち醬油
干ししいたけ	みりん
	塩

うすくち醬油であっさりと仕上げた透明なつゆが、のどごしの良い稲庭うどんに良く合う。水カップ4にうすくち醬油大さじ2、みりん大さじ2、塩大さじ1を加え、昆布とかつお節も入れて鍋で数分煮て、キッチンペーパーで漉して冷やす。3色の具は、ゴーヤの塩もみ。にんじんを塩でもんだあとに酢と砂糖で和えたなます、干ししいたけを戻した水とみりん、醬油で甘辛く煮込んだもの。どれも常備菜の小鉢料理としても楽しめるので作り置きしておくと良い。

季節感あふれる
果物を食卓に。
未知の味わいは
お酒にも合う。

果物の味って、さわやかでうす甘くて、ちょっと酸っぱい。こういう味覚って普通の料理にはなかなか含まれていないから、果物を献立に加えることで、家めしにびっくりするようなキリッとしたアクセントが生まれるんです。
そして意外に気づかれてない事実なんですが、実はたいていの果物はお酒に合うんですよね。ワインだけじゃなくて、意外にも日本酒でも大丈夫。
季節ごとの旬の果物は本当に旨いので、これらをどんどん料理に取り込んでいって、季節のうつろいを家めしで味わっていきたいものです。

生パイナップルの酢豚

生を使えばこんなに旨い。
この酢豚なら誰もが満足。

1
赤身の豚肉はできればブロックを買ってきて、斜めに大きくスライス。

2
生のパイナップルは、大きめのサイコロぐらいにカット。

3
にんにくとしょうが、長ねぎはみじん切りに。

4
フライパンでにんにく、しょうが長ねぎを弱火で炒める。

5
パイナップルも加え、調味料を全部入れて煮込む。

6
肉は片栗粉をまぶして、天ぷら油でかりっと揚げる。

材料
赤身の豚肉
生のパイナップル

調味料
オリーブ油
にんにく
しょうが
長ねぎ
黒酢
オイスターソース
紹興酒
砂糖
片栗粉

肉は厚め
大きめに
斜め切り

給食で出たまずい「パイナップル酢豚」にトラウマを感じてる人は多いはず。その悪印象を一掃させる驚きの新発見調理法。コツは生のパイナップルを使うことと、ケチャップは絶対に使わないこと。にんにくとしょうが、長ねぎパイナップルを炒め、黒酢とオイスターソース、紹興酒、砂糖で味つけし、水溶き片栗粉でとろみを加える。これでソース完成。揚げた豚を平皿に広げ、肉全体にかからないように中央にこんもりとソースをのせる。豚のカリッが残ってるほうが美味しい。

アボカドのフライ

カレー粉と塩でしっかり下味。カリッ、トロッのバランスがいい。

アボカドって生のまま食べる人が多いと思うけど、フライにすると外側はカリッ、中はトロトロという食感が最高に楽しい料理になる。火を通すとちょい曖昧な味なので、種を取って厚めにスライスしたら、カレー粉と塩をきつめに振ってガツンと味つけしておくと良い。小麦粉をはたき、生卵を通し、パン粉をまぶす。生食できる食材なので、180度の天ぷら油で表面だけカリッと揚がったらそれで大丈夫。

材料
- アボカド
- 小麦粉
- 生卵
- パン粉

調味料
- カレー粉
- 塩

下味は濃いめにつける

バナナの甘さと塩気、酸味がマッチ。口直しにぴったりの粋な一品。

バナナと塩もみ玉ねぎヨーグルト和え

甘ったるくて料理になりそうにもないバナナを、ピリリとした塩もみ玉ねぎ、酸っぱいヨーグルトと調和させることで、思いも寄らない味にしてしまう。「あ、ちゃんと料理になってる」と驚くこと請け合い。玉ねぎは薄くスライスして塩でもみ、しばらく置いて水気を絞る。バナナは皮をむいて、薄くスライスし、ボウルで玉ねぎと合わせる。ヨーグルトを加えてからめてできあがり。

材料	調味料
バナナ	塩
玉ねぎ	
ヨーグルト	

バナナを薄く切るのがポイント

りんごとモッツァレラ

2つの素材をドレッシングで合わせれば本格的なサラダに。

材料

りんご
モッツァレラチーズ

調味料

オリーブ油
塩
酢
ハチミツ

チーズは手でちぎって合わせる

りんごとハチミツ……というと昔からあるカレールーのテレビCMを思い出すけど、この2つを爽やかなモッツァレラチーズと組み合わせることで、本格的なサラダとして成立させてしまおうという料理。りんごは皮はむかずに4つに割って種を取り、縦に薄くスライスし、塩水につけておく。モッツァレラチーズは手でちぎってボウルに投じ、水気を拭ったりんごと合わせ、オリーブ油と塩、酢のドレッシングと和える。皿に盛って、上からハチミツをたらりと垂らす。

メロンとマスカルポーネ

旬の果物なら、何でもOK。黒つぶこしょうをガリガリとひいて。

材料
メロン
マスカルポーネチーズ

調味料
黒つぶこしょう

白ではなく黒こしょうがぴったり

マスカルポーネは人気のスイーツ、ティラミスにも使われている。生クリームのような爽やかな風味のチーズ。これをメロンと合わせるというのは「デザートでしょ?」という感じなんだけど、黒つぶこしょうをガリガリひいて振ることで、ギリギリ酒のつまみとして踏みとどまってくれる。メロンは食べやすくカットし、マスカルポーネチーズと和える。大きな皿に盛りつけ、黒つぶこしょうを広い範囲に振るとフレンチレストランっぽくて見目麗しい。

COLUMN 3

暮らすように旅する。もうひとつの家めし。

このごろ、わたしは海外旅行に行くと「キッチン付きの部屋」があるホテルを借りるようにしています。最近は個人の住宅を借りられるAirbnbというサービスもありますから、キッチンのある部屋は借りやすくなっていますね。

現地では、有名レストランなどにはあまり足を向けない。地元のスーパーやファーマーズマーケットに通って地場の野菜などを購入し、台所で料理するんです。まるでその土地で暮らしているような気分になって、これが楽しいんですよね。旅行先では暮らすように旅し、東京では旅するように暮らす。そういう身軽な人生を、どこでもいつでも家めしというスタイルが支えてくれる。

2014年の春先にハワイのオアフ島に休暇に出かけた時は、ホノルルの海岸沿いのキッチン付き部屋を借り、毎日のように有機食材スーパーの「ホールフーズ」やダイヤモンドヘッドそばのKCCファーマーズマーケットに出かけ、さまざまな野菜を調達して料理三昧の日々を送りました。中には「これどうやって食べるんだろう?」っていう食材もあるんですが、そういう時はネットで検索してレシピを調べたり、地元の人に聞いたり。台所にはたいした調理器具もなくレンジも使いにくく、調味料も満足になかったりするんですが、そういうのも含めて、なんだかクイズの難問を解きながら家めしやってる感じでまた楽しいんですよね。

写真／松尾たいこ

オーガニック食材の全米チェーン「ホールフーズ」は、良い食材が手に入る。

KCCファーマーズマーケットではお店の人とやりとりしながら野菜を調達。

ホテルの部屋のキッチンで、ホノルルの夜景を見ながら調理。

とりあえず最低限の調味料をスーパーで調達して、できる範囲で料理。

色合いが日本の食材とはまた違う感じで、新鮮で楽しい食卓に。

美味しそうなオマールえびを手に入れたので、蒸してみたら旨かった。殻はスープのだしに。

佐々木俊尚（ささき・としなお）

作家・ジャーナリスト。
1961 年兵庫県生まれ。早稲田大政経学部政治学科中退。毎日新聞社などを経て、フリージャーナリストとして IT、メディア分野を中心に執筆している。忙しい日々の活動のかたわら、自宅の食事はすべて自分でつくっている。2014 年 3 月に刊行された「家めしこそ、最高のごちそうである。」（小社刊）が大きな話題に。妻はイラストレーター松尾たいこ。「レイヤー化する世界」（NHK 出版新書）、「『当事者』の時代」（光文社新書）、「キュレーションの時代」（ちくま新書）、「自分でつくるセーフティネット」（大和書房）など著書多数。

いつもの献立が
ごちそうになる！
新・家めしスタイル

2014年9月18日　第1刷発行
2014年9月19日　第2刷発行

著者　佐々木俊尚
発行者　石﨑孟
発行所　株式会社マガジンハウス
〒104-8003 東京都中央区銀座3-13-10
書籍編集部　☎03-3545-7030
受注センター☎049-275-1811

ブックデザイン　佐藤重雄（doodle&design）
撮影　内田紘倫
スタイリング　矢口紀子

印刷・製本所　大日本印刷株式会社

ISBN978-4-8387-2698-1　C0095